Inhaltsverzeichnis

Die angegebenen Mengen sind für 4 Personen gedacht.
Abkürzungen: EL = Eßlöffel   TL = Teelöffel   MS = Messerspitze
ml = Milliliter

Die wichtigsten Getreidearten und ihre Verwendung in der vitalstoffreichen Vollwerternährung

Getreide ist die wichtigste Nahrungsgrundlage der Menschheit. Wenn alle Getreidearten, unerhitzt und erhitzt, abwechselnd im Speiseplan Verwendung finden, wird der menschliche Organismus mit allen benötigten Vitalstoffen versorgt. Gesundheit und Lebensfreude herrschen dann vor und ernährungsbedingte Zivilisationskrankheiten werden wirkungsvoll ausgeschaltet.

Jede Getreideart hat eine für sie charakteristische Zusammensetzung der Inhaltsstoffe, aus der sich Eigenschaft und Wirkung der verschiedenen Arten ableiten.

Von ganz besonderer Wichtigkeit für die tägliche Küchenpraxis ist der richtige Umgang mit dem Getreide. Nur als Korn ist es über längere Zeit haltbar, gemahlen, als Vollkornmehl oder -schrot, eignet es sich nicht mehr für eine längere Lagerung, sondern ist möglichst frischgemahlen zu verbrauchen.

Jegliches Getreide sollte aus kontrolliertem biologischen Anbau stammen und gut gereinigt sein, also ohne Steinchen, Unkrautsamen und Mutterkorn. In dieser Qualität ist es in Naturkostgeschäften, Reformhäusern oder direkt vom Erzeuger erhältlich.

Weizen Der Weizen ist die Krönung der Getreidezüchtung und zählt zu den ersten vom Menschen kultivierten Nahrungspflanzen. Neben dem Reis ist er die wichtigste Nahrungspflanze der Welt.
Infolge seiner großen klimatischen Anpassungsfähigkeit ist er heute mit der größten Anbaufläche aller Getreidearten auf allen Kontinenten verbreitet. Bedingt durch die verschiedenen Klimata, finden von Januar bis Dezember, also das ganze Jahr über, irgendwo auf der Erde Weizenernten statt.
Der Weizen ist das wichtigste Brotgetreide. Er trägt seine Vitalstoffe (Mineralstoffe, Spurenelemente, Enzyme, ungesättigte Fettsäuren, Aroma- und Fa-

serstoffe), seinen Eiweißgehalt und alle Vitamine
des B-Komplexes vornehmlich im Keim und in den
Randschichten. Daher ist es wichtig, das ganze Korn
für die menschliche Ernährung zu verarbeiten. Wegen der Qualität seines Eiweißes im Mehlkörper
(Klebereiweiß) nimmt der Weizen unter allen Getreidearten eine Sonderstellung ein. Grundsätzlich
gilt, je höher der Gehalt an Klebereiweiß ist, desto
besser sind die Backeigenschaften des Mehls. Weizenvollkornmehle sind nicht nur für Brote und Kleingebäck geeignet, sondern auch für Feinbackwaren
wie Kuchen, Plätzchen und Torten.

Einkorn, Emmer und Dinkel sind die Vorfahren unseres heutigen Weizens. Aus Emmer stammt der
Hartweizen, ein glasig aussehendes Korn, das in
heiß-trockenen Regionen, wie z. B. Italien, angebaut wird. Aus Hartweizen werden bevorzugt Teigwaren (Nudeln) und Grieß hergestellt. Die Backeigenschaften seines Mehls sind nicht besonders
gut, gerade noch für Fladen ausreichend.

Als Intensivfrucht bringt Weizen mit Hilfe von
hohen Kunstdüngergaben hohe Ernteerträge. Bei
herkömmlichen Anbaumethoden werden die heranwachsenden Pflanzen mit chemischen Mitteln zur
Unkrautvernichtung, gegen Pilz-, Insekten- und anderen Schädlingsbefall behandelt. Darüber hinaus
wird eine weitere chemische Schädlingsbekämpfung bei der Lagerung und beim Transport durchgeführt. Deshalb ist es beim Einkauf wichtig, auf
Ware aus kontrolliertem biologischem Anbau und
naturgemäße Lagerung zu achten. Dies gilt auch für
alle anderen Getreidearten.

Dinkel, auch Spelzweizen oder schwäbisches Korn
genannt, ist eine heute selten angebaute Weizenart.
Er stellt geringere Ansprüche an den Boden als der
Weizen. Auf chemische Düngung spricht er wenig
an, deshalb sind seine Erträge begrenzt.

Dinkel

Dinkel ist sehr kleberhaltig und hat damit beste Backeigenschaften. Bei jedem Weizengebäck, wie z. B. Brot, besonders jedoch bei Feinbackwaren, wie Torten, Kuchen, Plätzchen, kann ein Drittel bis zur Hälfte der Weizenmenge durch Dinkel ersetzt werden. In diesem Fall muß jedoch auch die Flüssigkeitsmenge erhöht werden, weil Dinkel mehr Flüssigkeit bindet. Die Verwendung von Dinkel macht Vollkorn-Weizengebäck voluminöser, lockerer und attraktiver im Aussehen.

Grünkern ist ein in der Milchreife (= Vorreife) geernteter Dinkel. Sofort nach der Ernte werden die Körner auf Holzfeuer gedarrt und anschließend entspelzt. Grünkern schmeckt dadurch pikant würzig und kann gemahlen zu Suppen, Eintöpfen, Frikadellen oder gekocht als ganzes Korn zu Getreidesalaten und als Beilage Verwendung finden. Grünkernmehl ist jedoch nicht zum Backen geeignet.

Roggen

Roggen ist eine nordische Getreideart, die auch noch in rauherem Klima gedeiht. In Vorderasien findet er sich noch in Höhen über 2000 m. An den Boden stellt er geringere Ansprüche als der Weizen. Roggen ist unser wichtigstes einheimisches Brotgetreide. Als Kulturpflanze tritt er seit der Stein- und Bronzezeit auf.
Je nach dem Aussaatzeitpunkt wird zwischen Winterroggen (Aussaat im September) und Sommerroggen (Aussaat im März) unterschieden. Dies gilt auch für Weizen und Gerste.

An Mineralstoffen enthält Roggen wesentlich mehr Kalzium und Fluor als Weizen. Auch der biologische Wert seines Eiweißes ist höher als der des Weizens. Roggenvollkornbrote schmecken würziger, sind haltbarer und saftiger. Reine Roggenvollkornbrote sind schwieriger herzustellen als reine Weizenvollkornbrote. Meist wird zum Brotbacken eine Mischung von Roggen- und Weizenvollkorn-mehl verwendet. Mit Sauerteig oder Backferment wird mit dieser Mischung immer ein gutes Backergebnis erzielt.

Zur Herstellung von Feinbackwaren ist Roggen nicht geeignet.

Gerste

Die Gerste zählt neben dem Weizen zu den ältesten Getreidearten. Bei indogermanischen Völkern war das Gerstenkorn das kleinste Gewichts- und Längenmaß. Als widerstandsfähigstes Getreide der Erde gedeiht es in nahezu jedem Klima, sogar bis in Höhen von 4300 m. Ihr Feuchtigkeitsbedarf ist gering, ihre Vegetationszeit von nur 110 Tagen erlaubt den Anbau in Gebieten mit kurzen Sommern.

Gerste ist fast kleberfrei und hat deshalb schlechte Backeigenschaften. Dagegen kann sie dank ihres guten Quellvermögens zu Suppen, Eintöpfen, Brei, Grütze oder auch als gekeimtes Korn verwendet werden.

Heute wird *Nacktgerste*, eine spelzenlose Züchtung, für die menschliche Ernährung bevorzugt.

Als *Spelzgerste* findet sie hingegen für Brauereien, Mälzereien und hauptsächlich als Viehfutter Verwendung. Graupen und Perlgraupen aus der Spelzgerste sind durch die industrielle Verarbeitung keine Vollkornprodukte mehr.

Malzkaffee wird aus gekeimten Gerstenkörnern, die gemälzt, geröstet und gemahlen werden, hergestellt.

Hafer

Auch der Hafer zählt zu den Urgetreidearten. Seine Kultivierung geht bis auf die Bronzezeit (2500 v. Chr.) zurück. Er stellt an den Boden geringere Ansprüche als Weizen und Roggen, benötigt jedoch viel Feuchtigkeit zum Wachstum.

Hafer war früher die bevorzugte Nahrung der nordischen Völker. Ob Fürsten, Freie oder Sklaven, für alle war, bis zur Einführung der Kartoffel, Hafer das ständige Eintopfgericht.

Hafer ist nicht nur Lebensmittel, sondern auch Heilmittel. Besonders wertvoll sind seine heilsamen Schleimstoffe für alle Leber-, Magen-, Bauchspeicheldrüsen- und Darmerkrankungen.

Durch seine Inhaltsstoffe hat der Hafer eine Spitzenstellung unter allen Getreidearten. Er ist das eiweißreichste Getreide und enthält gegenüber anderen Getreidearten mehr Fett, Mineralstoffe (Kalzium- und Eisengehalt doppelt so hoch wie bei Weizen) und Vitamine.

Hafer aktiviert bei jung und alt Konzentrationsfähigkeit, Gedächtnis, Durchhalte- und Leistungsvermögen bei der täglichen Arbeit wie beim Sport.

Schälhafer ist entspelzter Hafer und bereits einmal erhitzt. Erzeugnisse aus Schälhafer, z. B. Flocken, sind, bedingt durch den Herstellungsprozeß, zweimal erhitzt.

In der Vollwerternährung wird Hafer bevorzugt als *Nackthafer*, eine spelzenlose Züchtung, verwendet. Mit speziellen Flockenmühlen lassen sich mühelos aus Nackthafer (auch Sprießkornhafer genannt) frische Flocken herstellen, die als unerhitztes Korn zur Bereitung des Frischkorngerichts Verwendung finden können.

Auch mit nahezu jeder Getreidemühle und handbetriebenen Kaffeemühle kann bei grober Einstellung Nackthafer zu mehr oder minder großen Flocken gequetscht werden. Wichtig ist die sofortige Verwendung, weil gequetschter Hafer durch seinen hohen Fettgehalt unter der Einwirkung von Luftsauerstoff schnell ranzig wird und einen bitteren Geschmack annimmt.

Wegen seines milden Geschmacks wird Nackthafer besonders von Kindern bevorzugt.

Auch für Breie und Suppen, zum Binden von Gemüse und als Zutat beim Brotbacken kann Hafer als Flocke oder fein gemahlen Verwendung finden.

Hirse

Hirse war vielen Menschen unserer mitteleuropäischen Gebiete vor der Einführung der vitalstoffreichen Vollwerternährung nur aus dem Märchen bekannt. Sie war jedoch mit regionalen Unterschieden, neben Hafer und Buchweizen, die Kraftnahrung unserer Vorfahren. Durch das Vordringen der Kartoffel wurde sie ebenso wie der Hafer verdrängt. Die gelbe Kolbenhirse sowie die Rispenhirse gelten als die ältesten Kulturpflanzen der Menschheit. Auch heute noch gehört Hirse, als Brei oder Fladen zubereitet, für Millionen von Menschen in Afrika und Asien zu den Hauptnahrungsmitteln. An den Boden stellt die Hirse geringe Ansprüche; sie ist dürrefest und hat eine kurze Vegetationszeit. Ihre Formen- und Artenvielfalt bringt Körner in den verschiedensten Farben (weiß, gelb, rot, braun, grau, schwarz) hervor.

Der Vitamingehalt der Hirse ist etwa vergleichbar mit dem des Weizens, der Gehalt an Eisen, Silizium und Fluor ist jedoch beachtlich höher.

Hirse findet im Frischkorngericht, als Suppe oder Eintopf, Dessert, Brei oder Auflauf, süß oder pikant, Verwendung. Dabei wird Hirse sowohl als ganzes Korn wie auch fein gemahlen verwendet. Hirsegebäck wird entweder aus reinem oder mit Weizenvollkornmehl vermischtem Hirsemehl hergestellt.

Reis

Reis ist ein tropisches Getreidegras, das für sein Wachstum heißes Klima und sehr viel Wasser benötigt. Als wichtigste Kulturpflanze der Erde ernährt Reis, der seit ca. 5000 Jahren angebaut wird, nahezu die Hälfte der Menschheit. Etwa 8000 verschiedene Reissorten sind bekannt. Beim Verbrauch werden 3 Grundtypen unterschieden: Langkorn, Mittelkorn und Rundkorn.

In der Vollwerternährung wird er als *entspelzter Vollreis* oder *Naturreis* mit dem Silberhäutchen verwendet. Er eignet sich für Suppen, Eintöpfe, als Beilage, Hauptgericht, Brei, Salat und Dessert. Fein gemahlen kann er auch zum Binden von Suppen, Saucen und Gemüse verwendet werden. Naturreis bedarf einer längeren Kochzeit als weißer Reis, ist wesentlich schmackhafter und dient bei verschiedenen Erkrankungen auch als Heilmittel.

Der weiße Reis, dem der Keim und die Randschichten (Silberhäutchen) abgeschliffen wurden, entspricht dem hellen Mehlkörper des Weizens und Roggens. Der Mangel an biologischen Wirkstoffen verursachte in Südostasien die Beriberi, eine Vitaminmangelkrankheit, die Millionen Menschen den Tod brachte.

Wildreis enthält gegenüber Sumpf- oder Bergreis nahezu die dreifache Eiweißmenge, auch sein Gehalt an B-Vitaminen liegt höher als beim Kulturreis. Seine Farbe ist schwarz, sein Geschmack sehr herzhaft. Er gilt als Delikatesse und kann pur oder zusammen mit anderem Naturreis in einem Gericht zubereitet werden.

Mais Die Heimat des Maises ist Süd- und Mittelamerika, der ehemalige Lebensraum der indianischen Hochkulturen. Er erreicht dort eine Höhe bis zu 5 m. Dank seiner Pfahlwurzel kann er längere Zeit den Regen entbehren, braucht jedoch eine Mindestmenge an Wärme. Seine Vegetationszeit beträgt 120 Tage. Mais ist die bedeutendste kultivierte Futterpflanze der Welt. Der biologische Wert des Maiseiweißes ist unter allen Getreidearten am geringsten.

In der Vollwerternährung wird Mais als Brei oder Grütze (Polenta) zubereitet. Da er glutenfrei ist, kann er nur mit kleberhaltigem Getreide, wie z. B. Weizen, verbacken werden. Mais wird meistens gemahlen als Maisgrieß und -mehl angeboten, weil viele Haushaltsgetreidemühlen dieses große, harte Korn nicht problemlos mahlen können. Als Puffmais ist er den meisten Kindern ein Begriff: Popkorn.

In USA wird Mais in jüngster Zeit auch zur Herstellung von Zuckerkonzentraten verwendet.

Buchweizen

Buchweizen, auch Tartaren- oder Heidekorn genannt, gehört als Knöterichgewächs (wie Sauerampfer oder Rhabarber) nicht zur Familie der Gräser. Seine dreikantigen Körner haben jedoch eine ähnliche Zusammensetzung wie die übrigen Getreidesorten. Er enthält viel Lecithin und der biologische Wert seines Eiweißes übertrifft den aller anderen Getreidearten.

An Boden und Klima stellt der Buchweizen wenig Ansprüche. Am besten gedeiht er auf leichten Sand- oder Moorböden. Seine Vegetationszeit beträgt nur 75 Tage. Seine Ernteerträge lassen sich nicht durch Kunstdüngergaben vermehren. Als Heimat gelten Nordchina, Südsibirien und Nepal.

Buchweizen findet Verwendung im Frischkornbrei, als Grütze oder Brei, in Frikadellen, Nudeln und als Mehl zusammen mit anderen Mehlarten. Er ist glutenfrei wie Reis, Hirse und Mais.

Äpfel im Schlafrock

Äpfel im Schlafrock

In einer Schüssel frisch gemahlenes Weizen- und Dinkelvollkornmehl mit fein geriebener Zitronenschale, Salz, Zimt und Vanille mischen. In einer Vertiefung Ei, Eiweiß, Honig und Sauerrahm mit Mehl verrühren. Die kalte Butter in kleinen Stückchen darüberschneiden und alles zu einem geschmeidigen Teig zusammenkneten. Teig gut 30 Minuten ruhen lassen.

Äpfel im ganzen schälen und mit dem Apfelausstecher Kernhaus ausstechen, eventuell von beiden Seiten. Äpfel in Zitronensaft wenden.
Fein gehackte Walnüsse mit gewaschenen Rosinen, Honig und Zimt verkneten und in die Apfellöcher füllen.

Auf bemehlter Arbeitsfläche den Teig in 8 gleich große Teile schneiden. Die Teigstücke nacheinander auswalken, jeweils einen Apfel daraufsetzen und mit den Händen Teig gleichmäßig um den Apfel andrücken. Äpfel auf ein ungefettetes Blech setzen und mit verdünntem Eigelb bestreichen.

Im vorgeheizten Ofen bei 180°, 2. Schiene von unten, ca. 45 Minuten bis zur hellen Bräunung backen. Die Äpfel können warm oder kalt serviert werden.

Teig:
350 g Weizenvollkornmehl
150 g Dinkelvollkornmehl
2 MS Vollmeersalz
2 MS Zimt
1 MS Vanille
1 Ei
1 Eiweiß
125 g Honig
100 g Sauerrahm
125 g Butter

Füllung:
8 mittelgroße Äpfel (ca. 1200 g)
Saft von 1 Zitrone, unbehandelt

50 g Walnußkerne
50 g Rosinen, ungeschwefelt
1 EL Honig
2 MS Zimt

zum Bestreichen:
1 Eigelb
1 TL Milch

Apfelküchle

Teig:
250 g Weizenvollkornmehl
gut ¼ l Milch
2 Eier
1 TL Zimt
2 MS Vollmeersalz
100 g Honig

100 g Butter zum Ausbacken

1 kg säuerliche Äpfel (5–6 Stück)
Saft von 1 Zitrone, unbehandelt

200 g rohes Preiselbeerkompott
(s. S. 16)

Frisch und fein gemahlenes Weizenvollkornmehl mit Milch, Eiern, Zimt, Salz und Honig zu einem glatten Teig verrühren und 30 Minuten quellen lassen. Diese Menge reicht für 25–30 Küchle, je nach Apfelgröße.

Äpfel schälen, mit dem Apfelausstecher Kernhaus ausstechen (eventuell von beiden Seiten). Äpfel quer in knapp 1 cm dicke Scheiben schneiden. Zitrone auspressen und Apfelscheiben nacheinander darin wälzen.

Ein großes Stück Butter in einer Pfanne zerlaufen lassen, davon 1 EL Butter unter den Teig rühren, damit er besser an den Apfelscheiben haftet. Apfelscheiben nacheinander in den Teig tauchen und in Butter auf beiden Seiten bei mäßiger Hitze hellbraun backen. Fertig gebackene Apfelküchle auf eine Platte legen und in der Backröhre bei 100° bis zum Servieren warmhalten.

Apfelküchle mit je einem Tupfer Preiselbeerkompott reichen.

Als Dessert (dann nur ½ Mengen) können warme Apfelküchle mit je einer Kugel Vanilleeis (s. Heft *Eis und Desserts*) gereicht werden.

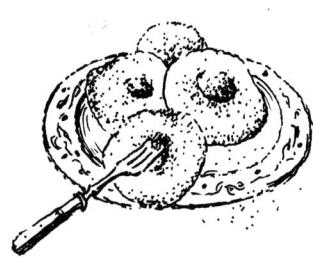

Bayerischer Scheiterhaufen

Brötchen in dünne Scheiben schneiden, Rosinen waschen, Äpfel fein schnitzeln. Schichtweise – zunächst mit Brötchenscheiben, dann Rosinen und Äpfel, wiederum Brötchenscheiben usw. – in eine gefettete Auflaufform füllen und mit Brötchenscheiben abschließen.

Milch leicht erwärmen, darin Vanille, Zimt, Eier und Honig gut verrühren. Langsam über die Brötchenscheiben gießen, so daß auch die oberen Scheiben mit Milch getränkt sind. Butter in Flöckchen darüberschneiden.

Im vorgeheizten Ofen bei 190°, unterste Schiene, 45–50 Minuten backen, bis die oberen Scheiben leicht gebräunt sind.

10 Vollkornbrötchen (je 50 g), frisch oder 1 Tag alt
125 g Rosinen, ungeschwefelt
750 g Äpfel, netto

½ l Milch
2 MS Vanille
2 MS Zimt
2 Eier
100 g Honig

20 g Butter

Bananen auf Ingwerreis

Reis im Sieb waschen und mit Wasser, Salz, Vanille- und Zimtstange zum Kochen bringen. Bei kleiner Hitze 40 Minuten kochen lassen. Das Wasser ist nun verbraucht, Zimt- und Vanillestange herausnehmen. Sahne mit Ingwer verrührt über den Reis gießen und ohne Umrühren noch 20 Minuten bei kleinster Hitze quellen lassen.

Mandeln in einer Pfanne ohne Fett leicht anrösten und beiseite stellen.
Bananen in Butter bei mäßiger Hitze auf beiden Seiten (insgesamt ca. 5 Minuten) backen.

Serviervorschlag: Reis in eine breite Form füllen, gebackene Bananen darauf legen und mit Honig beträufeln. Geröstete Mandeln darüber streuen. Dazu rohes Preiselbeerkompott reichen.

400 g Naturreis (Rundkorn)
¾ l Wasser
1 TL Vollmeersalz
1 Vanillestange
1 Zimtstange

¼ l Sahne
2 TL Ingwer

40 g gehobelte Mandeln

40 g Butter
8 Bananen (ca. 1 kg)
4 TL Akazienhonig

200 g Preiselbeerkompott (s. S. 16)

*Bayerischer Topfenstrudel
mit Melonenkompott*

Bayerischer Topfenstrudel
mit Melonenkompott

In das frisch gemahlene Weizenvollkornmehl Ei, Obstessig, Salz und Öl einrühren, langsam das lauwarme Wasser dazugeben und alles gut zu einem geschmeidigen Teig zusammenkneten. Den Teig nun so lange auf die Arbeitsfläche werfen (ca. 50 mal), bis er glatt ist und glänzt. Mit einer kleinen, erwärmten Schüssel zudecken und 30 Minuten ruhen lassen.

Butter, Honig und Eidotter cremig rühren, Topfen, Sauerrahm, Salz und gewaschene Rosinen einrühren, Eiweiß mit einer Prise Salz steif schlagen und unterziehen.

Strudelteig halbieren und die eine Hälfte auf einer bemehlten Arbeitsfläche sehr dünn auswalken und auf ein Geschirrtuch legen. Mit zerlassener Butter bestreichen und die Hälfte der Füllung darauf verteilen. Das Geschirrtuch leicht anheben, damit sich der Strudel locker zusammenrollt. Mit Hilfe des Geschirrtuches Strudel in eine gefettete längliche Auflaufform gleiten lassen, die Strudelenden etwas einschlagen.
Mit der anderen Teighälfte und -Füllung ebenso verfahren.

Sauerrahm mit Honig verrühren und Strudelrollen damit bestreichen.
Bei 200°, 2. Schiene von unten, ca. 60 Minuten goldbraun backen.

Vor dem Anrichten etwas abkühlen lassen. Der Strudel kann warm oder kalt gegessen werden.

Wassermelone halbieren, in Scheiben schneiden, entkernen und schälen. Fruchtfleisch in große Würfel schneiden. Andere Melonen halbieren, entkernen und mit dem Melonenmesser oder Teelöffel kleine Bällchen ausstechen. Melonen mischen und 30 Minuten kühl stellen.

Strudelteig:
250 g Weizenvollkornmehl
1 Ei
1 TL Obstessig
2 MS Vollmeersalz
2 EL Sonnenblumenöl, kalt gepreßt
6–8 EL lauwarmes Wasser

Füllung:
60 g Butter
100 g Honig
2 Eidotter
500 g Topfen (= fester Quark oder Schichtkäse)
50 g Sauerrahm
1 MS Vollmeersalz
75 g Rosinen, ungeschwefelt
2 Eiweiß

zum Bestreichen:
40 g Butter

150 g Sauerrahm
2 TL Honig

Streumehl

Melonenkompott:
1 kg reife Melonen, netto, gemischt, z. B. Wassermelone, Honigmelone, Netzmelone

Buchweizenblinis
mit Preiselbeerkompott

Teig:
150 g Buchweizenvollkornmehl
150 g Weizenvollkornmehl
⅛ l Wasser
20 g Hefe

4 Eidotter
2 MS Vollmeersalz
2 MS Vanille
1 TL Zimt
⅛ l Milch
⅛ l Sahne
50 g Honig

4 Eiweiß
1 MS Vollmeersalz

Butter zum Ausbacken

Frisch gemahlenes Buchweizen- und Weizenvollkornmehl in einer Schüssel mischen, eine Vertiefung drücken und darin die in lauwarmem Wasser aufgelöste Hefe mit etwas Mehl zu einem dicklichen Brei rühren. Leicht mit Mehl bestäubt 15 Minuten gehen lassen.

Eidotter, Salz, Vanille und Zimt in der Milch verrühren, Sahne und Honig dazugeben und alles zum gegangenen Vorteig gießen. Diesen gut durchrühren. Teig 30 Minuten quellen lassen.
Eiweiß mit Salz steif schlagen und mit Stielteigschaber unter den Teig heben.
Butter in einer Pfanne mäßig erhitzen und für jeden Blini 1 gehäuften EL des lockeren Teiges in die Pfanne geben und backen. In eine große Pfanne passen 5–6 Blinis.
Nachdem eine Seite hellbraun gebacken wurde, nochmals Butter in die Pfanne geben und Blinis wenden.

Gebackene Blinis auf einer Platte in der Backröhre bei 100° warmhalten, bis alle gebacken sind. Die Teigmenge ergibt ca. 30 Blinis.

Mit saurer Sahne und rohem Preiselbeerkompott reichen.

Preiselbeerkompott:
500 g Preiselbeeren, frisch oder tiefgekühlt
175 g Honig
2 gestrichene TL Dänisch Agar
½ TL Zimt
2 MS Vanille

Preiselbeeren sauber verlesen und waschen (tiefgekühlte auftauen) und mit Honig, Dänisch Agar, Zimt und Vanille verrühren. Nur kurz mixen, damit nicht alle Beeren zerkleinert werden.

Unter ständigem Rühren erwärmen (nicht über 40°), in Sauciere füllen und abkühlen lassen.
Im Kühlschrank aufbewahrt ca. 4 Wochen haltbar.

*Buchweizenblinis
mit Preiselbeerkompott*

Crêpes mit Orangensauce

Teig:
200 ml Milch
150 ml Wasser
½ TL Vollmeersalz
4 Eier
200 g Buchweizenvollkornmehl
40 g Butter

30 g Butter zum Ausbacken

Orangensauce:
950 g Orangen, netto
50 g Orangenschale, unbehandelt
75–100 g Honig, je nach Fruchtsüße
1 TL Dänisch Agar
½ TL Zimt
½ TL Ingwer

200 g Sahne
2 EL gehobelte Mandeln

Milch mit Wasser, Salz, Eiern und frisch gemahlenem Buchweizenvollkornmehl gut durchrühren, dann zerlassene Butter unterrühren und Teig 2 Stunden kühl stellen.

Geschälte, zerschnittene, eventuell entkernte Orangen mit der klein geschnittenen Schale fein mixen. Honig, Dänisch Agar, Zimt und Ingwer dazurühren. Vor dem Servieren leicht erwärmen, nicht über 40° (lauwarm).

Gesamte Butter zum Ausbacken in einem kleinen Gefäß zerlassen. Mit einem Pinsel mittelgroße, erhitzte Pfanne mit zerlassener Butter bestreichen und Teig in die schräg gehaltene Pfanne laufen lassen. Nur soviel Teig hineingeben, daß der Pfannenboden dünn bedeckt ist. Crêpes hell, nur ganz leicht gebräunt, ausbacken, wenden und Rückseite ebenso backen. Auf einen Teller gleiten lassen, zu einem Viertel zusammenfalten und auf einer Platte in der Backröhre (100°) warmhalten, bis alle gebakken sind. Die Teigmenge ergibt 16 mittelgroße Crêpes.

Serviervorschlag: Crêpes mit gehobelten Mandeln bestreuen, mit leicht erwärmter Orangensauce und steif geschlagener Sahne reichen.

Dampfnudeln
mit buntem Beerenkompott

Frisch gemahlenes Weizenvollkornmehl in eine Schüssel geben, eine Vertiefung drücken und darin die in lauwarmer Milch aufgelöste Hefe mit etwas Mehl zu einem dicklichen Brei verrühren. Mit Mehl bestäubt 15 Minuten gehen lassen.

Zerlassene Butter, Honig, Salz, abgeriebene Zitronenschale und Eier zum gegangenen Vorteig geben, alles gut zu einem glatten Teig kneten und mit Mehl bestäubt ca. 45 Minuten gehen lassen.

Teig nochmals kurz durchkneten, in 12 gleich große Teile schneiden und aus jedem Teil eine Kugel drehen. Kugeln mit einem Tuch bedeckt ca. 15 Minuten gehen lassen.

In einem flachen, breiten Topf (∅ ca. 23 cm) Milch, Butter, Honig, Zimt und Vanille erwärmen und verrühren. Die gegangenen Teigkugeln einlegen und den Topfdeckel auflegen. Deckel möglichst noch mit einem schweren Gegenstand belasten, damit kein Dampf austritt. Nun einige Minuten, bis die Milch kocht, auf größere Hitze stellen, dann zurück auf mäßige Hitze drehen (wenn Herdeinstellung 3 die höchste ist, dann ist 1 die richtige Einstellung). Nach ca. 30 Minuten, wenn die Milch aufgesogen ist und die Dampfnudeln zu bräunen beginnen, knistert und knackt es im Topf. Nun sind die Dampfnudeln fertig und der Topf darf geöffnet werden. Mit einer Backschaufel einzeln herausnehmen und mit der braunen Seite nach oben auf eine Platte legen. Backfrisch mit Beerenkompott reichen.

Verschiedene Beerenarten, wie z. B. Himbeeren, Brombeeren, Heidelbeeren, Johannisbeeren, waschen (tiefgekühlte auftauen) und leicht mit einer Gabel andrücken. Mit Zitronensaft, Honig, je nach Beerensüße, und Zimt verrühren. Gut 1 Stunde ziehen lassen.

Vorteig:
550 g Weizenvollkornmehl
¼ l Milch
40 g Hefe

Hauptteig:
50 g Butter
50 g Honig
½ TL Vollmeersalz
Schale von 1 Zitrone, unbehandelt
2 Eier

Sauce:
gut ¼ l Milch
50 g Butter
50 g Honig
2 MS Zimt
2 MS Vanille

Beerenkompott:
1 kg Beeren gemischt, frisch oder tiefgekühlt
Saft von ½ Zitrone, unbehandelt
50–100 g Honig,
je nach Beerensüße
½ TL Zimt

Griechischer Grießauflauf (Rawani)

Teig:
125 g Butter
100 g Honig
3 Eier
150 g Vollkorngrieß
150 g Weizenvollkornmehl
2 TL Backpulver
2 MS Vanille
1 MS Nelken
Schale von 1 Zitrone, unbehandelt

Guß:
3 Zitronen, unbehandelt
3 Orangen, unbehandelt
Wasser
150 g Honig

250 g Schlagsahne

Butter sahnig rühren, Honig dazugeben und die Eier nach und nach dazurühren. Vollkorngrieß mit dem frisch gemahlenen Weizenvollkornmehl, Backpulver, Vanille, Nelken und abgeriebener Zitronenschale mischen und ebenfalls dazurühren.

Teig in eine gut gefettete Auflaufform (Ø 22 cm) geben und glattstreichen. Im vorgeheizten Ofen bei 180°, 2. Schiene von unten, ca. 30 Minuten bis zur leichten Bräunung backen (Probe mit dem Holzstäbchen).

Fertigen Rawani aus dem Ofen nehmen und mit einem scharfen Messer in 4 gleiche Teile schneiden, damit der Guß gut eindringen kann.

Für den Guß die Zitronen und Orangen auspressen, mit Wasser bis zur Gesamtmenge von ½ l auffüllen und darin den Honig auflösen.
Guß über den noch in der Form verbliebenen Rawani gießen und abkühlen lassen. Der Guß wird gänzlich aufgesogen, der Auflauf steigt hoch und wird locker und saftig.

Kalt, mit geschlagener Sahne reichen. Einen Teil der Sahne in Garnierspritze füllen und Rawani damit garnieren.

Grießschnitten mit Aprikosensauce

Wasser mit Salz und abgeriebener Zitronenschale zum Kochen bringen. Von der Kochstelle nehmen, damit es nicht mehr wallt und langsam, unter ständigem Rühren mit dem Schneebesen, Grieß hineinlaufen lassen. Zurück auf die Kochstelle, unter Rühren kurz aufkochen und einige Minuten quellen lassen.

Dann Sahne, Zimt, Vanille und Honig dazugeben und unterrühren. Über eine Platte oder ein Backblech kurz kaltes Wasser laufen lassen, die Grießmasse daraufgeben und mit Teigschaber glattstreichen, gut 1 cm dick.

Teig nach dem Erkalten in ca. 16 gleich große Rechtecke schneiden. Diese zuerst in verquirltem Ei, dann in Semmelbröseln wenden und in Butter bei mäßiger Hitze beidseitig hellbraun backen. Auf eine Platte legen und in der Backröhre bei 100° bis zum Servieren warmhalten.

Reife Aprikosen entsteinen (tiefgekühlte auftauen) und mit Zitronensaft, Honig und Zimt kurz vor dem Verzehr fein mixen.
In Sauciere füllen und zu den Grießschnitten reichen.

1 l Wasser
2 MS Vollmeersalz
Schale von ½ Zitrone, unbehandelt
350 g Weizen- oder
Dinkel-Vollkorngrieß

¼ l Sahne
2 MS Zimt
2 MS Vanille
75 g Honig

1–2 Eier, je nach Größe
Vollkornsemmelbrösel
Butter zum Ausbacken

Aprikosensauce:
1 kg Aprikosen, frisch oder tiefgekühlt
Saft von 1 Zitrone, unbehandelt
75 g Honig
2 MS Zimt

Hirseauflauf mit rohem Früchtekompott

Hirseauflauf
mit rohem Früchtekompott

Hirse mit Wasser, Salz, Vanille- und Zimtstange zusetzen. 5 Minuten kochen, dann 20 Minuten bei kleinster Hitze (oder auf der warmen Herdplatte) quellen lassen.

300 g Hirse
1 l Wasser
1 MS Vollmeersalz
1 Vanillestange
1 Zimtstange

Weiche Butter glattrühren, abgeriebene Zitronenschale, Eidotter und Honig dazugeben. Leicht abgekühlte Hirse mit einer Gabel auflockern, Vanille- und Zimtstange herausnehmen und mit den Rosinen unter die Butter-Eier-Honigcreme rühren.
Eiweiß mit Salz steif schlagen und ebenfalls darunterheben.

75 g Butter
Schale von ½ Zitrone, unbehandelt
3 Eidotter
100 g Honig
100 g Rosinen, ungeschwefelt

3 Eiweiß
1 MS Vollmeersalz

In eine gefettete Auflaufform füllen und mit gehackten Mandeln bestreuen. Bei 200°, mittlere Schiene, ca. 45 Minuten backen.

30 g abgezogene, gehackte Mandeln

Reifes Obst der Jahreszeit kleinschneiden, entweder nur eine Obstart oder verschiedene Arten gemischt. Zitronensaft mit Honig, Zimt und Vanille verrühren, über das zerkleinerte Obst gießen, mischen und 15–30 Minuten ziehen lassen.

Früchtekompott:
1 kg reife Früchte der Jahreszeit
Saft von 1 Zitrone, unbehandelt
1–2 EL Honig, je nach Fruchtsüße
1 MS Zimt
1 MS Vanille

Tiefgekühltes Obst, z. B. Erdbeeren, Himbeeren, Kirschen, gibt aufgetaut genügend Saft ab und braucht deshalb keinen Zitronensaft. Honig nur dann verwenden, wenn Obst nicht süß genug ist.

Hirsetorte mit Aprikosenkompott

200 g Hirse
¾ l Wasser
Schale von 1 Zitrone, unbehandelt
1 Zimtstange
1 Vanillestange
2 MS Vollmeersalz

100 g Butter
100 g Honig
2 Eidotter
100 g Rosinen, ungeschwefelt
75 g Mandeln
100 g Dinkelvollkornmehl
100 g Weizenvollkornmehl
2 TL Backpulver
¼ l Milch
2 Eiweiß

2 El gehobelte Mandeln

Wasser mit ganzer Zitronenschale, Zimtstange, Vanillestange und Salz zum Kochen bringen, Hirse hineingeben, 10 Minuten leicht kochen, dann 20 Minuten quellen lassen.
Gewürze herausnehmen (Vanillestange abwaschen und trocknen, kann öfters verwendet werden) und Hirse auskühlen lassen.

Butter und Honig cremig rühren, Eidotter dazurühren. Gewaschene Rosinen, geriebene Mandeln und abgekühlte Hirse dazugeben. Frisch gemahlenes Dinkel- und Weizenvollkornmehl mit Backpulver mischen und abwechselnd mit Milch dazurühren. Eiweiß mit einer Prise Salz steif schlagen und unterheben.

Teig in eine gut gefettete, gebröselte Springform (∅ 26 cm) füllen, glattstreichen und mit gehobelten Mandeln bestreuen.

Im vorgeheizten Ofen bei 175°, unterste Schiene, ca. 1 Stunde bis zur leichten Bräunung backen. Zum Auskühlen auf ein Gitter stellen. Nach einigen Minuten mit glattem Messer am Springformrand entlang fahren, dann Rand öffnen und diesen wegnehmen. Nach weiterer Abkühlung Boden lockern und mit Tortenretter auf eine Porzellanplatte heben.
Die Torte schmeckt warm, lauwarm oder kalt gleich gut.

Aprikosenkompott:
1 kg reife Aprikosen
Saft von 1 Zitrone, unbehandelt
1–2 EL Honig, je nach Fruchtsüße
1 MS Zimt

Für Aprikosenkompott Zitronensaft mit Honig und Zimt verrühren. Aprikosen waschen, entkernen, klein würfeln (ca. 1 × 1 cm), unter den Zitronensaft heben und ca. 30 Minuten ziehen lassen.

Kartäuserklöße

Vollkornbrötchen ringsum auf feinem Reibeisen abreiben, dann senkrecht durchschneiden.
Milch mit Eiern, flüssigem Honig, Zimt und Vanille mit dem Schneebesen gut durchschlagen. In eine Schüssel mit breitem Boden füllen und Brötchen in die Milchsauce legen. Nach einigen Minuten wenden, so daß sich die Brötchen allseitig vollsaugen können. Die Sauce ist dann aufgebraucht.

Brötchen nun einzeln ringsum in abgeriebenen Semmelbröseln wenden. In einer Pfanne bei mäßiger Hitze in Butter ringsum leicht braun backen.
Auf einer Platte in der Backröhre bei 100° warmhalten, bis alle gebacken sind.
Dazu rote Fruchtsauce (siehe S. 34) reichen.

10 frische Vollkornbrötchen
½ l Milch
2 Eier
125 g Honig
1 TL Zimt
2 MS Vanille

Butter zum Ausbacken

Kirschenmännle

Kirschen waschen und entstielen. Brötchen in dünne Scheiben schneiden und in eine Schüssel geben. Milch leicht erwärmen, darin mit dem Schneebesen Eier, Honig, Kakao und Zimt verrühren und über die geschnittenen Brötchen geben (bei älteren Brötchen wird mehr Flüssigkeit benötigt).

Zitrone fein abreiben, auspressen und über die Brötchenscheiben geben. Mit Kochlöffel oder von Hand alles gut vemengen.
Kirschen unterheben und dann Teig in eine gut gefettete Auflaufform geben. Butterflöckchen daraufgeben und bei 200°, 2. Schiene von unten, ca. 1 Stunde backen.

Bei der Verwendung von tiefgekühlten Kirschen verringert sich die Milchmenge etwas, je nach dem beim Auftauen abgegebenen Saft.

750 g Kirschen, frisch oder tiefgekühlt
10 Vollkornbrötchen (500 g)
½ l Milch
2 Eier
150 g Honig
1 gehäufter EL Kakao, dunkel
1 TL Zimt
Saft und Schale von 1 Zitrone, unbehandelt
30 g Butter

Kaiserschmarren mit Apfelmus

Kaiserschmarren mit Apfelmus

Eigelb mit Honig cremig rühren. Frisch gemahlenes Weizenvollkornmehl abwechselnd mit Milch dazurühren. Korinthen waschen, Butter zerlassen und alles unter den Teig rühren. Teig gut 30 Minuten ruhen lassen.

5 Eigelb
60 g Honig
250 g Weizenvollkornmehl
gut ¼ l Milch
50 g Korinthen
50 g Butter

Eiweiß mit Salz steif schlagen und unter den Teig heben.

5 Eiweiß
1 MS Vollmeersalz

In 2 großen Pfannen bei mäßiger Hitze je 40 g Butter zerlassen und je eine Teighälfte in eine Pfanne hineingeben. In jeder Pfanne zunächst eine Teigseite bei mäßiger Hitze hellbraun anbacken lassen. Dann mit 2 Gabeln Stück für Stück des halbgebackenen Teiges abtrennen und diese sofort wenden und goldgelb backen.

80 g Butter zum Backen
Zimt

Dazu rohes Apfelmus oder rohes Preiselbeerkompott (siehe S. 16) reichen. Bei Tisch fein mit Zimt bestreuen.

Zitronensaft mit Honig (Honigmenge abhängig von der Apfelsorte) und Zimt verrühren. Reife, wohlschmeckende Äpfel möglichst mit der Schale fein reiben und sofort unterheben.
Kurz vor dem Verzehr frisch zubereiten.

Apfelmus:
1 kg Äpfel
Saft von 1–2 Zitronen, unbehandelt
1–2 EL Akazienhonig
2 MS Zimt

Kirschreis

400 g Naturreis (Rundkorn)
gut ¾ l Wasser
1 TL Vollmeersalz
1 Vanillestange
1 Zimtstange

200 g Sahne

4 Eidotter
125 g Honig
Schale von 1 Zitrone, unbehandelt
1 MS Nelken, gemahlen
4 Eiweiß
1 MS Vollmeersalz

750 g Kirschen oder Sauerkirschen,
frisch oder tiefgekühlt

30 g Butter
s. Titelbild

Reis in einem Sieb waschen und in Wasser mit Salz, Vanille- und Zimtstange zum Kochen bringen. Bei kleiner Hitze 40 Minuten leicht köcheln lassen. Vanille- und Zimtstange herausnehmen und ohne umzurühren mit Sahne übergießen. Bei kleinster Hitze 20 Minuten quellen lassen, dann zur Seite stellen und abkühlen lassen.

Eidotter mit Honig, abgeriebener Zitronenschale und Nelken verrühren, Reis und Kirschen (tiefgekühlte aufgetaut und ohne Saft) unterheben. Eiweiß mit Salz steif schlagen und unterziehen. In eine gut gefettete, gebröselte Auflaufform den Kirschreis füllen und Butterflöckchen auflegen.

Im vorgeheizten Ofen bei 200°, 2. Schiene von unten, 45–50 Minuten bis zur leichten Bräunung backken.

Marillen- oder Zwetschgenknödel vom Blech

In einer Schüssel frisch gemahlenes Weizen- und Dinkelvollkornmehl mit Zimt, Backpulver, Salz und abgeriebener Zitronenschale mischen. Eine Vertiefung drücken, Schichtkäse und Honig hineingeben, mit Mehl vermischen und kalte Butter in kleinen Stückchen darüberschneiden. Alles rasch zu einem geschmeidigen Teig kneten und diesen ca. 30 Minuten ruhen lassen.

Auf einer bemehlten Arbeitsfläche aus dem Teig eine Rolle formen und in 20–30 Stücke schneiden. Jedes Teigstück einzeln auf der Arbeitsfläche kurz auswalken oder auf der Handfläche breit drücken. Obststück (ungeöffnet, mit Stein) daraufsetzen und Teig mit den Händen so um das Obststück wickeln, daß alles ringsum mit Teig bedeckt ist. Alle mit Teig umwickelten Obststücke auf ein leicht gefettetes Backblech setzen. Ei mit der Gabel gut durchschlagen und Obststücke damit bestreichen.

Im vorgeheizten Ofen bei 200°, mittlere Schiene, ca. 35 Minuten bis zur hellen Bräunung backen. Leicht abgekühlt servieren.

Tiefgekühltes Obst mit Stein kann auch verwendet werden. Teig schnell um die tiefgekühlten Früchte wickeln. Die Backzeit verlängert sich um etwa 15 Minuten.

Teig:
200 g Weizenvollkornmehl
100 g Dinkelvollkornmehl
1 TL Zimt
1 TL Backpulver
1 MS Vollmeersalz
Schale von 1 Zitrone, unbehandelt
250 g Schichtkäse (= fester Quark)
100 g Honig
125 g Butter

ca. 20 Aprikosen, mittelgroß oder
ca. 30 Zwetschgen, groß

1 Ei

Palatschinken böhmisch und Topfenpalatschinken

Teig:
200 g Weizenvollkornmehl
2 MS Vollmeersalz
2 MS Vanille
4 Eidotter
⅜ l Milch

4 Eiweiß
Butter zum Ausbacken

Füllung:
600 g Himbeeren oder
Johannisbeeren oder Brombeeren,
frisch oder tiefgekühlt
200 g Honig
200 g Walnußkerne
½ TL Zimt
1 MS Cardamom

Guß:
¼ l Sauerrahm
1 EL Honig

Frisch gemahlenes Weizenvollkornmehl mit Salz und Vanille mischen, mit Eidotter und Milch verrühren und Teig 30 Minuten ruhen lassen.

Himbeeren oder andere Beeren mit flüssigem Honig, gehackten Walnußkernen, Zimt und Cardamom verrühren und eventuell mit der Gabel etwas zerdrücken.

Für den Guß Sauerrahm und flüssigen Honig cremig rühren.

Eiweiß mit einer Prise Salz steif schlagen und unter den vorbereiteten Teig heben.

Butter in einer mittelgroßen Pfanne erhitzen, einen Suppenschöpfer Teig in die Pfanne geben und diesen mit einem Eßlöffel verstreichen. Bei mäßiger Hitze goldgelb backen. Ein Stückchen Butter auflegen, Palatschinken (= Eierkuchen) wenden und die andere Seite backen. Fertiggebacken auf einen Teller gleiten lassen, mit der Himbeer-Nußfüllung (oder anderen Beeren) bestreichen, zusammenrollen und in eine Feuerfest-Form legen. Die Teigmenge ergibt 10 Palatschinken.

Mit vorbereitetem Guß übergießen und im vorgeheizten Ofen bei 220°, mittlere Schiene, 15 Minuten backen. Ofenfrisch servieren.

Füllung:
500 g Schichtkäse (= fester
Quark/Topfen)
2 Eidotter
100 g Honig
75 g Rosinen, ungeschwefelt
2 MS Zimt
2 EL Sauerrahm

2 Eiweiß
1 MS Vollmeersalz

Topfenpalatschinken: Teig und Guß wie oben. Schichtkäse mit Eidotter, flüssigem Honig, gewaschenen Rosinen, Zimt und Sauerrahm verrühren. Eiweiß mit Salz steif schlagen und unter die Quarkcreme heben.

Eierkuchen mit Quarkcreme bestreichen, einrollen und nebeneinander in eine Auflaufform legen. Mit Guß übergießen und backen wie Palatschinken.

*Palatschinken böhmisch
und Topfenpalatschinken*

Powidltascherl

Teig:
1 kg Kartoffeln, gekocht (vom Vortag)
1 TL Vollmeersalz
2 Eier
250 g Dinkelvollkornmehl

Streumehl (Weizenvollkornmehl)
1 kleines Ei

Zwetschgenmus (Powidl):
1 kg Zwetschgen, frisch oder
tiefgekühlt
2 TL Dänisch Agar
100–150 g Honig, je nach Fruchtsüße
½ TL Zimt

Kochwasser:
gut 3 l Wasser
3 TL Vollmeersalz

Honigbutter:
100 g Butter
75 g Honig

Nußbrösel:
100 g Walnußkerne
1 TL Zimt

Gekochte Kartoffeln schälen und fein reiben. Mit Salz, Eiern und frisch gemahlenem Dinkelvollkornmehl zu einem glatten Teig verkneten.

Zwetschgen entkernen (tiefgekühlte auftauen und abtropfen lassen, Fruchtwasser anderweitig verwenden) und mit Dänisch Agar, Honig und Zimt mixen. Unter ständigem Rühren erwärmen (nicht über 40°, lauwarm, damit das Dänisch Agar quillt) und wieder abkühlen lassen.

Auf einer bemehlten Arbeitsfläche Teig in kleinen Portionen nacheinander ca. 3 mm dick ausrollen und Scheiben mit $\varnothing$ 9–10 cm ausstechen. Die Teigmenge ergibt ca. 25 Scheiben.
Auf jede Scheibe 1 TL Zwetschgenmus so verstreichen, daß der Teigrand frei bleibt. Teigrand mit verquirltem Ei bestreichen. Die Scheiben zu Taschen zusammenklappen und Teigränder gut andrücken.

Wasser in einem großen Topf zum Kochen bringen, von der Kochstelle nehmen und Tascherl einlegen. Topf zurück auf die Kochstelle bringen und bei leicht geöffnetem Deckel bis vor das Kochen bringen. Tascherl ca. 10 Minuten darin ziehen lassen. Die Tascherl steigen im Topf dann hoch. Mit Sieblöffel vorsichtig herausnehmen, abtropfen lassen und auf eine große Platte legen.

Mit Honigbutter übergießen und mit Nußbröseln bestreut anrichten. Dazu das restliche Zwetschgenmus reichen.

Honigbutter: Butter zerlaufen lassen und flüssigen Honig darin verrühren. Die Honigbutter ist nur lauwarm.

Nußbrösel: Walnußkerne fein reiben und Zimt untermischen.

Prinzeßapfel mit Johannisbeerkompott

Äpfel schälen, mit dem Apfelausstecher Kernhaus ausstechen. In Zitronensaft wenden und in eine gefettete, gebröselte Auflaufform setzen oder jeden Apfel einzeln in eine kleine, ebenfalls gefettete, gebröselte Feuerfestform setzen. Aushöhlung im Apfel mit Marmelade füllen.

Butter mit Honig cremig rühren und Eier einzeln dazurühren. Frisch gemahlenes Dinkel- und Weizenvollkornmehl mit abgeriebener Zitronenschale, Backpulver und Zimt mischen und abwechselnd mit der Milch dazurühren. Weichen Teig gleichmäßig um die Äpfel verteilen und mit gehobelten Mandeln bestreuen.

Im vorgeheizten Backofen bei 180°, unterste Schiene, 40–45 Minuten backen. Die Äpfel schmecken warm, lauwarm oder kalt gegessen gleich gut. Mit Johannisbeerkompott reichen.

Abgeperlte oder aufgetaute Beeren mit einer Gabel etwas andrücken, mit Honig und Zimt verrühren und gut 1 Stunde ziehen lassen.

ca. 900 g Äpfel (6 Stück)
Saft von 1 Zitrone, unbehandelt
125 g Marmelade, honiggesüßt

Teig:
125 g Butter
125 g Honig
2 Eier
125 g Dinkelvollkornmehl
125 g Weizenvollkornmehl
Schale von 1 Zitrone, unbehandelt
1 TL Backpulver
1 TL Zimt
gut ⅛ l Milch

2 EL gehobelte Mandeln

Johannisbeerkompott:
800 g Johannisbeeren, frisch oder tiefgekühlt
50–75 g flüssiger Honig
½ TL Zimt

Quarklaibchen mit roter Fruchtsauce

800 g Kartoffeln, netto
400 g Schichtkäse (= fester Quark)
2 Eier
100 g Weizenvollkornmehl
½ TL Vollmeersalz
½ TL Zimt
Schale von 1 Zitrone, unbehandelt
150 g Rosinen, ungeschwefelt

Vollkornsemmelbrösel zum Wenden
Butter zum Ausbacken

Kartoffeln in wenig Wasser 25–30 Minuten kochen. Dann schälen, durch die Kartoffelpresse drücken und auskühlen lassen oder gekochte Kartoffeln vom Vortag schälen und fein reiben.

Nun Schichtkäse, Eier, frisch gemahlenes Weizenvollkornmehl, Salz, Zimt und fein geriebene Zitronenschale dazugeben. Rosinen waschen, ebenfalls dazugeben und alles zu einem glatten Teig verkneten.

Mit beiden Händen je 1 gehäuften EL Teig zu einer Kugel drehen, dann zu einem Laibchen flachdrücken. Die Teigmenge ergibt ca. 16 Laibchen. Auf beiden Seiten in Semmelbröseln wenden und in Butter beidseitig hellbraun ausbacken. Mit roter Fruchtsauce reichen.

Rote Fruchtsauce:
1 kg Erdbeeren und/oder Himbeeren,
frisch oder tiefgekühlt
50 g Honig
1 TL Dänisch Agar
1 MS Zimt
1 MS Vanille

Erdbeeren und/oder Himbeeren (tiefgekühlte zuerst auftauen) mit Honig, Dänisch Agar, Zimt und Vanille mixen. Unter ständigem Rühren nur ganz leicht erwärmen (ca. 35–40°, das Dänisch Agar quillt und macht die Sauce sämig). Abgekühlt in eine Sauciere füllen.

Diese Sauce eignet sich auch zu anderen Süßspeisen.

Quarklaibchen mit roter Fruchtsauce

Rahmapfelstrudel

Teig:
50 g Butter
1 Ei
1 TL Obstessig
1 MS Vollmeersalz
125 g Weizenvollkornmehl
125 g Dinkelvollkornmehl
5–6 EL Wasser, je nach Eigröße

zum Bestreichen:
250 g Sauerrahm
75 g Honig

Füllung:
1 kg Äpfel, netto
100 g Mandeln
75 g Rosinen, ungeschwefelt
Zimt

Guß:
¼ l Milch
⅛ l Sahne
50 g Honig
2 MS Vanille
1 MS Vollmeersalz

In einer Schüssel weiche Butter, Ei, Essig und Salz verrühren. Frisch gemahlenes Weizen- und Dinkelvollkornmehl dazugeben und mit lauwarmem Waser zu einem geschmeidigen Teig kneten.
Teig nun ca. 50 mal auf die Arbeitsfläche werfen, damit er elastisch und glänzend wird. Mit angewärmter Schüssel zudecken und 30 Minuten ruhen lassen.

Sauerrahm mit flüssigem Honig glatt verrühren. Äpfel vierteln, Kernhaus ausschneiden, bei harten Apfelschalen abschälen, dünn schnitzeln, Mandeln fein reiben und Rosinen waschen.

Auf leicht bemehlter Arbeitsfläche Teig in 4 gleich große Teile schneiden und 1 Teil dünn und rechteckig in Backformbreite ausrollen. Ausgewalkten Teig über das Nudelholz legen, hochheben und ein sauberes Geschirrtuch unter die Teigplatte legen. Diese nun zuerst mit 2 EL gesüßtem Sauerrahm bestreichen, mit ¼ der geriebenen Mandeln bestreuen und dann mit ¼ der Apfelschnitze belegen. Darauf ¼ der Rosinen verteilen, dünn mit Zimt bestreuen und durch Anheben des Tuches Teigplatte mit Belag locker zusammenrollen. Die Enden zusammendrücken und Strudel quer in eine gefettete Auflaufform legen.
Mit den anderen 3 Teigstücken ebenso verfahren, so daß die 4 Strudel nebeneinander in der Form liegen.

Für den Guß Milch, Sahne, Honig, Vanille und Salz verrühren und über den Strudel gießen. Während des Backens einen Pinsel einige Male in den Guß in der Form tauchen und den Strudel damit bestreichen.

Im vorgeheizten Backofen bei 200°, 2. Schiene von unten, 55–60 Minuten bis zur leichten Bräunung backen.

Dieser Apfelstrudel ist sehr saftig. Deshalb kann auf die Vanillesauce als Beilage verzichtet werden. Er schmeckt warm oder kalt gegessen gleich gut.

Reisauflauf mit Pfirsichkompott

Reis im Sieb waschen und in Wasser mit Salz, Vanille- und Zimtstange zum Kochen bringen. Bei mäßiger Hitze 40 Minuten leicht kochen, anschließend 20 Minuten bei kleinster Hitze quellen, dann auskühlen lassen. Zimt- und Vanillestange herausnehmen (letztere abwaschen und trocknen, kann öfters verwendet werden).

Butter mit Eidotter und Honig cremig rühren, fein geriebene Zitronenschale, gewaschene Rosinen und abgekühlten Reis unterheben. Eiweiß mit einer Prise Salz steif schlagen und unterziehen.

Reis in eine gut gefettete, gebröselte Auflaufform füllen und mit gehackten Mandeln bestreuen.

Im vorgeheizten Ofen bei 200°, mittlere Schiene, ca. 45 Minuten bis zur leichten Bräunung backen. Mit rohem Kompott reichen.

Pfirsiche einzeln nacheinander kurz in kochendes Wasser geben (ca. ½ Minute), herausnehmen und Schale abziehen.
Zitronensaft mit Honig, Zimt und Vanille verrühren. Pfirsiche halbieren, entkernen und in Würfel (ca. 1 × 1 cm) schneiden. In die Zitronensauce geben, darin vorsichtig wenden und 30 Minuten ziehen lassen.

400 g Naturreis (Rundkorn)
1 l Wasser
1 TL Vollmeersalz
1 Vanillestange
1 Zimtstange

100 g Butter
4 Eidotter
125 g Honig
Schale von 1 Zitrone, unbehandelt
100 g Rosinen, ungeschwefelt
4 Eiweiß

40 g Mandeln

Kompott:
1 kg reife Pfirsiche
Saft von 1 Zitrone, unbehandelt
1–2 EL flüssiger Honig, je nach Obstsüße
1 MS Zimt
1 MS Vanille

Rhabarber-Mohn-Strudel

Rhabarber-Mohn-Strudel

In einer Schüssel weiche Butter mit Ei, Salz und Essig verrühren. Frisch gemahlenes Weizen- und Dinkelvollkornmehl dazugeben und mit Wasser zu einem glatten Teig kneten. Teig ca. 50 mal auf die Arbeitsfläche schlagen, damit er elastisch und glänzend wird. Mit einer angewärmten Schüssel zudecken und ca. 30 Minuten ruhen lassen.

Mohn mahlen (Getreidemühle mit Keramik- oder Stahlmahlwerk, Einstellung wie bei Frischkornbrei), mit warmer Milch übergießen und 15 Minuten quellen lassen. Mandeln fein hacken, Rosinen waschen und mit Honig und Zimt unterziehen.
Rhabarber waschen (frischen und jungen Rhabarber, ungeschält) und in dünne Scheibchen schneiden.

Auf einer leicht bemehlten Arbeitsfläche die Hälfte des Teiges dünn zu einem Rechteck auswalken. Teig über das Nudelholz hängen, hochheben und auf sauberes Geschirrtuch legen. Halbe Menge der Mohnfüllung glatt auf den Teig verstreichen. Die Hälfte des Rhabarbers darauf verteilen und mit Hilfe des Geschirrtuchs zu einem Strudel rollen. Die beiden Teigenden zusammendrücken und Strudel in eine gefettete, gebröselte Backform gleiten lassen. Mit der anderen Teighälfte und Restzutaten ebenso verfahren.

Milch mit Sahne, Honig und Vanille verrühren und über den Strudel gießen.
Im vorgeheizten Ofen bei 200°, mittlere Schiene, ca. 50 Minuten backen. Während des Backens einen Pinsel einige Male in den Milch-Sahne-Guß in der Pfannen tauchen und den Strudel damit bestreichen.

Teig:
50 g Butter
1 Ei
2 MS Vollmeersalz
1 TL Obstessig
125 g Weizenvollkornmehl
125 g Dinkelvollkornmehl
5–6 EL Wasser, je nach Eigröße

Füllung:
150 g Mohn
¼ l Milch
100 g Mandeln
100 g Rosinen, ungeschwefelt
150 g Honig
1 TL Zimt
750 g Rhabarber, netto

zum Übergießen:
¼ l Milch
⅛ l Sahne
50 g Honig
1 MS Vanille

Rohrnudeln mit Vanillesauce und Wiener Buchteln

Vorteig:
500 g Weizenvollkornmehl
200 g Dinkelvollkornmehl
¼ l Milch
40 g Hefe

Frisch gemahlenes Weizen- und Dinkelvollkornmehl in eine Schüssel geben, eine Vertiefung drücken und darin die in lauwarmer Milch aufgelöste Hefe zu einem dicklichen Brei verrühren. Mit etwas Mehl bedeckt 15 Minuten gehen lassen.

Hauptteig:
gut ⅛ l Milch
75 g Butter
100 g Honig
1 Ei
Schale von ½ Zitrone, unbehandelt
½ TL Vollmeersalz
2 MS Vanille
Streumehl

In der lauwarmen Milch Butter, Honig, Ei, abgeriebene Zitronenschale, Salz und Vanille verrühren. Zum gegangenen Vorteig geben und alles gut zu einem lockeren, glatten Teig kneten. Mit Mehl bestäubt ca. 45 Minuten gehen lassen. Teig nochmals kurz durchkneten und in 12 gleich große Stücke schneiden. Jedes Teigstück mit der Hand zu einer Kugel drehen.

Für die Backpfanne:
50 g Butter
50 g Honig

zum Bestreichen:
30 g Butter

In einer Backpfanne weiche Butter und Honig verrühren und Boden und Rand der Pfanne damit bestreichen. Teigkugeln einlegen. Mit zerlassener Butter Oberfläche und Berührungsseiten der Rohrnudeln bestreichen. Nochmals 15 Minuten gehen lassen.
Im vorgeheizten Ofen bei 200°, unterste Schiene, 30–35 Minuten backen. Auf ein Gitter stürzen und warm oder kalt mit Vanille-Sauce servieren.

Vanillesauce:
⅜ l Wasser
1 MS Vollmeersalz
40 g Weizenvollkornmehl

Vanillesauce: Wasser mit Salz und frisch gemahlenem Weizenvollkornmehl unter Rühren aufkochen lassen. Leicht abgekühlt zuerst Sahne dann Eidotter, Honig und Vanille unterrühren.

⅛ l Sahne
1 Eidotter
75 g Honig
3 MS Vanille
1 Eiweiß

Eiweiß mit einer Prise Salz steif schlagen und unter die lauwarme Sauce heben. In Sauciere füllen und lauwarm reichen.

Füllung:
250 g Schichtkäse (= fester Quark)
1 Ei
50 g Honig
50 g Rosinen, ungeschwefelt
2 MS Zimt

Wiener Buchteln werden nach demselben Hefeteigrezept zubereitet und gebacken. Jedoch die Teigkugeln mit der Hand flach zu einer Scheibe drücken, 1 EL der Quarkfüllung (= nebenstehende Zutaten glatt verrührt) in die Mitte geben, Teigränder darüber zusammendrücken und rund rollen.

Sahnereiskranz Ferdinand

Wasser mit Salz, Vanille- und Zimtstange zusetzen, Reis im Sieb kurz waschen, dazugeben und 40 Minuten leicht kochen, dann 20 Minuten quellen lassen.

250 g Naturreis (Rundkorn)
1¼ l Wasser
knapp 1 TL Vollmeersalz
1 Vanillestange
1 Zimtstange

Vanille- und Zimtstange herausnehmen (Vanillestange abwaschen, trocknen; kann wieder verwendet werden), Dänisch-Agar mit kaltem Wasser verrührt in den heißen Reis rühren.

3 TL Dänisch-Agar
3 EL Wasser

Sahne steif schlagen und mit Honig süßen, kurz nochmals durchschlagen. Datteln waschen, entkernen und fein schneiden. Sahne und Datteln unter den abgekühlten, aber noch warmen Reis heben und in eine mit kaltem Wasser ausgespülte Kranzform (Ø 24 cm) oder in Portionsschalen füllen. Kühl stellen.

¼ l Sahne
2 EL Akazienhonig (60 g)
200 g frische oder 150 g getrocknete Datteln

Nach 1–2 Stunden Kranz auf eine Platte stürzen und dünn mit Zimt bestreuen.

Zimt

Erdbeeren und Himbeeren (tiefgekühlte zuerst auftauen) fein mixen, mit Dänisch-Agar und Honig unter Rühren ganz leicht erwärmen (nicht über 40°), damit das Dänisch-Agar quillt und die Sauce sämig wird. In eine Sauciere füllen, abkühlen lassen und zum Kranz reichen.

Rote Fruchtsauce:
600 g Erdbeeren, frisch oder tiefgekühlt
200 g Himbeeren, frisch oder tiefgekühlt
1 TL Dänisch-Agar
1 EL Honig

Schweizer Apfelwähe

Teig:
500 g Weizenvollkornmehl
¼ l Milch
40 g Hefe

40 g Butter
1 Ei
100 g Honig
1 MS Vollmeersalz
Schale von 1 Zitrone, unbehandelt

Belag:
1½ kg Äpfel
Saft von 1 Zitrone, unbehandelt
60 g Butter
75 g Rosinen, ungeschwefelt
75 g Haselnüsse

Frisch gemahlenes Weizenvollkornmehl in eine Schüssel geben, eine Vertiefung drücken und darin die in lauwarmer Milch verrührte Hefe mit Mehl zu einem dicklichen Brei rühren. Mit Mehl bedeckt 15 Minuten gehen lassen.

Zerlassene Butter, Ei, Honig, Salz und fein geriebene Zitronenschale dazugeben und alles zu einem glatten Teig verkneten. Teig zugedeckt 45 Minuten gehen lassen.

Äpfel vierteln, Kernhaus ausschneiden und je nach Sorte belassen oder schälen. Apfelviertel nochmals teilen oder dritteln, je nach Apfelgröße. Im ausgepreßten Zitronensaft wenden. Rosinen waschen, Haselnüsse grob hacken.
Gegangenen Teig auf gefettetes Backblech (nasses Tuch unterlegen) walken und 1 cm Rand drücken. Apfelschnitze dicht auflegen, mit zerlassener Butter bestreichen, Rosinen und gehackte Haselnüsse gleichmäßig darauf verteilen.
Pergamentpapier (Butterbrotpapier) in Backblechgröße mit zerlassener Butter bestreichen und mit der bestrichenen Seite auf die Wähe legen.

Im vorgeheizten Ofen bei 200°, mittlere Schiene, 30 Minuten backen.
Schmeckt warm oder kalt, jedoch frisch gegessen, am besten.

Schweizer Apfelwähe

Schweizer Früchtereis

400 g Naturreis (Rundkorn)
1¼ l Wasser
½ TL Vollmeersalz
1 Vanillestange
1 Zimtstange
Schale von 1 Zitrone, unbehandelt
250 g Trockenfrüchte gemischt,
ungeschwefelt (z. B. Aprikosen,
Pflaumen, Feigen, Rosinen)

Früchtekompott:
Saft von 1 Zitrone, unbehandelt
2 MS Zimt
1–2 TL Honig, je nach Obstsüße
500 g Kirschen, frisch oder tiefgekühlt
500 g verschiedenes frisches,
reifes Obst

¼ l Sahne

Reis im Sieb waschen. Wasser mit Salz, Vanille- und Zimtstange und Zitronenschale im ganzen zum Kochen bringen, dann Reis dazugeben. Trockenfrüchte sauber waschen, in nicht zu kleine Stücke schneiden und ebenfalls dazugeben. Reis 40 Minuten leicht köcheln – Zitronenschale, Zimt- und Vanillestange danach herausnehmen – und dann 20 Minuten quellen lassen.

Zitrone auspressen und Saft mit Zimt und Honig verrühren. Kirschen entsteinen, verschiedenes Obst würflig schneiden, etwa in Kirschgröße, und unter den vorbereiteten Saft heben. Ca. 30 Minuten durchziehen lassen.
Sahne steif schlagen.

Serviervorschlag: Reis in eine große, vorgewärmte Schüssel geben, einen Teil des Früchtekompotts darüberbreiten und obenauf einen großen Löffel Sahne geben. Restliche Sahne und Kompott in gesonderten Schüsseln dazu reichen.

Topfennockerl

Weiche Butter mit Honig und Eiern cremig rühren und Schichtkäse unterziehen. Frisch gemahlenes Dinkel- und Weizenvollkornmehl mit Zimt, Vanille und Salz mischen, dazugeben und alles zu einem lockeren Teig verarbeiten. Teig 15–30 Minuten quellen lassen.

Wasser mit Salz zum Kochen bringen und von der Kochstelle nehmen. Zwei Eßlöffel in das heiße Wasser tauchen, mit einem Löffel anschließend etwas Teig abstechen und mit dem andern Löffel den Teig zu einem Nockerl formen. Dann in das heiße Wasser gleiten lassen.
Die Teigmenge ergibt ca. 25 Nockerl.

Topf zurück auf die Kochstelle bringen und Nockerl 5 Minuten leise köcheln, dann 5 Minuten ziehen lassen. Die Nockerl schwimmen im Wasser obenauf. Vorsichtig mit Sieblöffel herausnehmen, abtropfen lassen und auf eine vorgewärmte Platte legen.

Butter zerfließen lassen und mit flüssigem Honig verrühren.
Mandeln fein reiben und mit Zimt mischen.

Nockerl mit Honigbutter und Nußbrösel bestreuen. Dazu rote Fruchtsauce (s. S. 34) oder Aprikosensauce (s. S. 21) reichen.

Teig:
75 g Butter
50 g Honig
2 Eier
500 g Schichtkäse (= fester Quark)
125 g Dinkelvollkornmehl
125 g Weizenvollkornmehl
2 MS Zimt
1 MS Vanille
1 MS Vollmeersalz

Kochwasser:
3 l Wasser
3 TL Vollmeersalz

Honigbutter:
50 g Butter
50 g Honig

Nußbrösel:
50 g Mandeln
½ TL Zimt

Wiener Apfelstrudel

Strudelteig:
50 g Butter
1 Ei
1 TL Obstessig
1 MS Vollmeersalz
125 g Dinkelvollkornmehl
125 g Weizenvollkornmehl
5–6 EL Wasser
Streumehl

Füllung:
200 g Crème fraiche
50 g Honig
75 g Mandeln
800 g Äpfel, netto
100 g Rosinen, ungeschwefelt
Zimt

zum Bestreichen:
30 g Butter

In einer Schüssel weiche Butter mit Ei, Essig und Salz glatt verrühren. Frisch gemahlenes Weizen- und Dinkelvollkornmehl, lauwarmes Wasser dazugeben und alles gut zu einem geschmeidigen Teig kneten.
Teig nun ca. 50 mal auf die Arbeitsfläche werfen, damit er elastisch und glänzend wird. Mit einer angewärmten Schüssel zudecken und 30 Minuten ruhen lassen.

Crème fraiche mit Honig verrühren, Mandeln fein reiben, Äpfel vierteln, Kernhaus ausschneiden und je nach Sorte und Alter schälen und dünn schnitzeln, Rosinen waschen.

Teig auf leicht bemehlter Arbeitsfläche dünn in Backblechgröße auswalken. Ausgewalkten Teig über das Nudelholz legen, kurz hochheben und ein sauberes Geschirrtuch unter die Teigplatte legen. Diese nun zuerst mit Crème fraiche bestreichen, dann mit fein geriebenen Mandeln bestreuen. Darauf die Apfelschnitze und Rosinen verteilen, dünn mit Zimt bestreuen, Teigplatte mit Hilfe des Geschirrtuches locker zusammenrollen und auf ein gefettetes Backblech gleiten lassen. Die Enden der Teigplatte zusammendrücken. Mit zerlassener Butter bestreichen.

Im Backofen bei 200°, 2. Schiene von unten, 50–60 Minuten backen. Während des Backens nochmal mit Butter bestreichen.
Strudel leicht abgekühlt mit Vanillesauce (s. S. 40) reichen.
Der Strudel schmeckt auch kalt sehr gut.

Zwetschgen- oder Marillenknödel nach Kärntner Art

Kartoffeln mit wenig Wasser gar kochen (ca. 30 Minuten), schälen, durch die Kartoffelpresse drücken und auskühlen lassen.

Dann Vollkorngrieß, Eier und Salz dazugeben und alles durchkneten. Kartoffelteig in ca. 24 Stücke, je nach Obstgröße, teilen.

In den angefeuchteten Händen ein Teigstück glatt drücken, eine Zwetschge oder Aprikose, jeweils mit Kern, darauflegen und diese mit Teig gut einschließen. So weiter verfahren, bis der gesamte Teig verarbeitet ist.

Knödel in kochendes Salzwasser einlegen und bei leicht geöffnetem Topfdeckel ca. 20 Minuten ziehen lassen (Wichtig: nicht kochen lassen!). Die Knödel steigen dann auf und schwimmen.

Zimtbrösel: Semmelbrösel in etwas Butter unter Rühren leicht anrösten. In eine kleine Schüssel füllen und mit Zimt mischen.
Bei Tisch über die Zwetschgen- bzw. Marillenknödel streuen oder Knödel vor dem Servieren darin wälzen.

Honigbutter: Butter bei milder Hitze zerlaufen lassen und in den flüssigen Honig rühren. In Sauciere füllen und bei Tisch über die Zwetschgen- oder Marillenknödel geben.

Fertige Knödel mit Sieblöffel herausnehmen, abtropfen lassen, auf einer Platte anrichten und mit Zimtbrösel und Honigbutter reichen.

800 g Kartoffeln
250 g Volkorngrieß
2 Eier
1 TL Vollmeersalz

ca. 750 g große, feste Zwetschgen oder kleine Marillen (Aprikosen)

3 l Wasser
2 TL Vollmeersalz

Zimtbrösel:
100 g Vollkornsemmelbrösel
20 g Butter
1 TL Zimt

Honigbutter:
100 g Butter
100 g Akazienhonig